VIE ET CONVERSATION

DE LA

BONNE ARMELLE.

Se trouve aussi :

PARIS : Delay, libraire, rue Basse-du-rempart, n.° 62.
— Marc-Aurel frères, rue Saint-Honoré, n.° 158.

VALENCE
NISMES ⎰ Marc-Aurel frères.
TOULOUSE
GENÈVE : V.ᵉ Beroud et Sus. Guers. — Kaufmann.
LAUSANNE : Marc Ducloux.
NEUCHATEL : Michaux.

Strasbourg, imprimerie de V.ᵉ Berger-Levrault.

VIE ET CONVERSATION

DE LA

BONNE ARMELLE.

TRADUIT DE L'ALLEMAND.

> Si quelqu'un m'aime, dit Jésus, il gardera ma parole, et mon Père l'aimera, et nous viendrons à lui, et nous ferons notre demeure chez lui. (Jean IV, 23.)
>
> Dieu est Charité, et celui qui demeure dans la Charité, demeure en Dieu et Dieu demeure en lui. (1 Jean, IV, 16.)

STRASBOURG,

CHEZ V.ᶜ LEVRAULT, RUE DES JUIFS, N.º 33.

1842.

VIE ET CONVERSATION

DE LA

BONNE ARMELLE.

I. *Notice historique sur la bonne Armelle.*

§. 1.

La bonne *Armelle* naquit dans la paroisse de Campenéac, près de la ville de Ploërmel, en Bretagne, le 9 septembre 1606.

Son père s'appelait George Nicolas et sa mère, Françoise Néant.

Les parents de la bonne Armelle étaient des laboureurs, jouissant d'une certaine aisance et d'une grande piété.

Son père avait l'excellente habitude de sanctifier les dimanches et les jours de fête, et de passer son temps, ces jours là, dans le recueillement et dans la prière. Il élevait

1..

son âme au Seigneur, en se promenant dans la campagne, et évitait ainsi les vaines conversations et les mauvais exemples de plusieurs de ses voisins, qui ne vivaient point selon Dieu. La mère de la bonne Armelle partageait les sentiments de son mari, et cherchait à les entretenir.

Dieu bénit leur mariage, et leur donna six enfants : la bonne Armelle, puis une seconde fille et encore quatre fils.

§. 2.

On put remarquer de bonne heure dans la jeune Armelle, que la grâce de Dieu agissait avec puissance dans son cœur. Douée d'un caractère excellent, d'un jugement sain, d'une douceur toute particulière, et d'une modestie peu commune, elle se fit chérir de ses parents et de tous ceux qui la connaissaient ; mais surtout de sa tendre mère, qui éprouvait pour elle une affection profonde.

Dès que la petite Armelle fut en état de parler, sa mère lui apprit à réciter Notre Père et quelques autres prières, et l'enfant y trouvait un si grand plaisir, qu'elle n'avait pas de plus grande joie, que de s'entretenir avec Dieu.

En grandissant, elle fit voir de plus en plus un penchant prononcé pour le calme et la solitude. Dès qu'elle fut assez forte, sa mère l'envoya aux champs garder les bestiaux. La jeune fille profitait de ce temps pour se recueillir. Au lieu de prendre part aux dissipations des jeunes bergères de son âge, elle se retirait derrière une haie, pour y réciter ses prières et pour s'entretenir avec Dieu.

Ce fut là une époque bénie pour elle. Elle sentit naître dans son âme un grand amour pour le Sauveur, et elle éprouva surtout une vive repentance, et un grand besoin de pardon et de salut, en méditant sérieusement sur les souffrances et sur la mort du Fils de Dieu.

Dès lors, elle sentit croître son amour pour Jésus, en qui nous avons la rédemption par son sang, et par les blessures duquel nous avons été guéris.

§. 3.

La bonne Armelle fit tout son possible pour se préparer dignement à la première communion. Elle attendait avec humilité le jour où elle devait recevoir le corps et le sang de son cher Sauveur. Le sentiment de ses péchés la travaillait fortement ; le besoin d'être reçue en grâce, par le sacrifice de Jésus-Christ, la faisait soupirer après le saint sacrement. Enfin elle y fut admise ; elle y prit part avec dévotion, avec foi, et son amour pour le Seigneur en fut augmenté.

Dans la suite, elle se sentit poussée par l'Esprit de Dieu, à participer bien souvent à la Sainte-Cène, et chaque fois qu'elle avait communié, elle en recevait de nouvelles bénédictions.

A mesure que la bonne Armelle aimait davantage son Dieu, elle éprouvait aussi pour les âmes une plus vive charité. Elle priait pour les autres, se faisait un devoir de leur rendre service, avait pour eux toutes sortes de prévenances, et quoiqu'elle fut si jeune encore, tous ceux qui étaient dans la peine, venaient auprès d'elle chercher des consolations. Son respect et son obéissance envers son père et sa mère ne se démentirent jamais un instant.

§. 4.

Elle atteignit ainsi l'âge de vingt-deux ans. Alors, ses parents voulurent la marier; mais elle ne put s'y résoudre. Elle crut devoir se retirer de toutes les compagnies mondaines, où la piété et la modestie avaient à souffrir, et finit par se rendre à Ploërmel, où elle devint successivement domestique, dans plusieurs maisons.

Dans les commencements, la bonne Armelle se trouva bienheureuse, d'être ainsi éloignée de toutes les réunions folâtres et dansantes, qui avaient coutume de se former, parmi la jeunesse de son village, les dimanches et les jours de fêtes, et dans lesquelles ses camarades l'avaient quelquefois conduite, malgré elle.

Arrivée à Ploërmel, elle put fréquenter assidûment l'église, vaquer tranquillement à ses prières, et entendre souvent prêcher la parole de Dieu. C'était pour elle une douce chose, et elle ne manqua pas d'en profiter fidèlement.

D'un autre côté, elle était infatigable au

travail, et sa maîtresse, qui n'avait jamais à lui adresser de reproches, pour la moindre chose, la prit en affection, comme si elle eut été sa fille.

§. 5.

Tout à coup, au milieu même de circonstances si favorables et si heureuses, son âme fut saisie d'une profonde tristesse. Elle se sentit dégoûtée de tout, et sans avoir aucune raison de quitter, elle désira, malgré elle, de sortir de la maison où elle était. Son père étant venu à mourir, sur ces entrefaites, elle obtint de sa maîtresse la permission d'aller consoler sa mère, à condition de revenir le plus tôt possible.

Elle revint en effet; mais elle fut obligée de retourner une seconde fois dans son village, au grand regret de sa maîtresse, qui elle-même ne pouvait se résoudre à perdre une servante si fidèle.

De retour à la campagne, la bonne Armelle éprouva des contrariétés pénibles. On voulut de nouveau la marier, malgré elle; on voulut lui faire prendre part aux folles joies d'une jeunesse peu décente et légère, dans sa conduite et dans ses mœurs. Elle ne put fréquenter l'église et communier aussi souvent qu'à Ploërmel. Toutes ces circonstances l'engagèrent à retourner dans cette ville, avec la permission de sa mère.

A peine y fut-elle arrivée, que trois ou quatre personnes voulurent l'avoir à leur service, tant elle avait donné de satisfaction à son ancienne maîtresse. Enfin, elle entra dans une maison respectable, où chacun l'aimait. Toutefois elle ne se sentait pas suffisamment occupée, tant elle désirait faire le bien. Elle craignait de s'amollir, et de ne pas être fidèle à Dieu, en vivant si commodément. Elle quitta donc cette maison, et servit encore dans deux autres, jusqu'à ce que le Seigneur lui fit trouver une place, où elle put satisfaire son besoin de travail et de fatigue.

En offrant cette place à la bonne Armelle, on la prévint qu'il y aurait beaucoup à faire, et qu'elle aurait à soigner, à elle seule, un très-grand ménage. Ces conditions, qui semblaient faites pour la dégoûter, lui causèrent au contraire une joie si grande, qu'elle crut reconnaître, en cela, une direction de la Providence, et qu'elle accepta.

§. 6.

C'est dans cette nouvelle maison, que la bonne Armelle devait être comblée de bénédictions spirituelles, et se sanctifier chaque jour davantage. Elle y éprouva des contrariétés et des épreuves de tout genre, qui lui furent mille fois plus profitables, que les caresses et les prévenances dont on l'avait comblée ailleurs.

Dans le commencement, elle ne fut chargée que d'avoir l'œil sur les enfants : mais plus tard, elle dût s'occuper de tous les travaux du ménage.

Une coutume louable qu'on avait dans la maison, contribua bientôt à lui faire faire de grands progrès dans la vie chrétienne. On lisait chaque soir, en famille, après le souper, quelque livre d'édification, entre autres l'histoire des martyrs et d'autres personnes pieuses. La bonne Armelle, qui ne savait ni lire, ni écrire, assistait à ces lectures. Elle y prit un grand intérêt, et en fut tellement touchée, qu'elle se sentit nuit et jour poussée dans son cœur, à marcher sur les traces de Jésus-Christ et de ses Saints. Elle pria même l'une des filles de la maison, de lui faire encore la lecture, dans d'autres moments de la journée. La jeune personne s'y prêta volontiers. Elle lui lut, entre autres, un traité sur les souffrances du Sauveur, et c'est là, surtout, ce qui produisit sur son âme l'impression la plus profonde. La bonne Armelle fut tellement touchée de tout ce que Jésus-Christ a souffert pour les pécheurs, qu'elle en éprouva de violentes agitations intérieures, et consulta un ecclésiastique sur ce qu'elle éprouvait. Il lui donna le meilleur de tous les conseils, celui de s'attacher sans relâche, avec confiance et avec calme, à ce cher Sauveur qui a tout fait pour nous; de s'abandonner comme un enfant à la direction de son Saint-Esprit; d'éviter avec soin toute espèce de péché, et d'être bien fidèle à suivre tous les bons mouvements que la grâce ferait naître dans son cœur.

La bonne Armelle s'appliqua toute sa vie

à suivre ce conseil, et consulta souvent le pieux ecclésiastique, qui fut toujours pour elle un instrument de bénédiction.

La méditation continuelle des souffrances de Christ, lui donna un sentiment toujours plus profond de ses péchés, augmenta son humilité, sa foi, son amour, son obéissance, et la fit arriver à un degré de piété et de vie chrétienne, dont l'histoire offre peu d'exemples.

§. 7.

Toutefois, comme toutes les âmes qui veulent sincèrement appartenir au Sauveur, la bonne Armelle fut obligée de passer par toutes sortes de tentations et de luttes intérieures, que cherchait à lui susciter l'ennemi de notre salut. Des doutes, de mauvaises pensées, des mouvements condamnables et mille choses semblables, vinrent la troubler à différentes époques de sa vie. Mais elle sortit victorieuse de tous ces combats, en regardant à Jésus le chef et le consommateur de notre foi; en se souvenant que nous sommes sauvés gratuitement par sa grâce, que nous avons, par son sang, la rémission de nos péchés, et en l'invoquant sans cesse, pour obtenir d'être purifiée et gardée par son Saint-Esprit.

Pendant longtemps la bonne Armelle avait eu beaucoup à souffrir de sa maîtresse, et ces souffrances avaient contribué à lui faire faire des progrès dans la sanctification. Un jour enfin, cette femme fut touchée dans son cœur, apprit à lui rendre justice, se convertit par elle au Seigneur, et lui témoigna dès lors une grande affection.

§. 8.

Plus tard la bonne Armelle accompagna la fille aînée de sa maîtresse, qui venait d'épouser un gentilhomme des environs de Vannes, et qui supplia sa mère de lui céder cette précieuse domestique. Armelle était alors âgée d'environ vingt-neuf ou trente ans.

Arrivée chez ses nouveaux maîtres, elle dut passer de nouveau par des épreuves intérieures, qui furent si douloureuses qu'on ne saurait les décrire. Elle se crut abandonnée du Seigneur, et vécut deux ans dans

2.

cet état, où elle n'éprouvait plus que de la crainte, de l'horreur d'elle-même et du désespoir.

Cependant elle soupirait vers le Sauveur, et faisait tout son possible pour retrouver la confiance, le calme et la paix. Une occasion s'étant présentée de parler à l'ecclésiastique, auquel elle avait déjà tant d'obligations, celui-ci comprit que le Seigneur éprouvait cette âme, pour la faire avancer encore dans la vie spirituelle. Il lui dit avec assurance : Allez, ma fille, consolez-vous, ne craignez rien, Dieu ne vous abandonnera pas. Non, il ne vous laissera jamais, et quelle que soit la misère que vous éprouviez, il vous assistera, vous pouvez y compter. Votre combat n'est pas fini, mais il sera pour vous une bénédiction.

Il prononça ces paroles avec tant de force, qu'Armelle se soumit. Elle souffrit encore plusieurs mois; mais elle fut enfin délivrée, et se trouva plus ferme qu'auparavant, dans la foi, dans l'espérance, dans l'amour du Sauveur, dans le renoncement qu'il exige de ses disciples, et dans la vraie liberté des enfants de Dieu.

§. 9.

Peu de temps après, elle éprouva au cœur des douleurs brûlantes, qui durèrent plusieurs années, et qui souvent la poussaient à se jeter par terre et à crier, lorsqu'elle était seule. Malgré ces cruelles souffrances, elle ne cessa de jouir d'une paix profonde et de consolations si grandes, qu'elle en était étonnée elle-même. Dans cet état, elle versait, à chaque instant, des larmes de joie et de reconnaissance envers le Sauveur. Son esprit était libre, son imagination tranquille et calme, et son âme se reposait avec confiance en Jésus. Aux douleurs qu'elle éprouvait au cœur, vint se joindre, pendant huit mois, une fièvre brûlante, qui l'obligea de garder le lit, à cause de son excessive faiblesse. Personne dans la maison ne s'occupait d'elle; on la laissait souffrir, sans lui marquer aucun intérêt : mais le Seigneur la dédommageait, en lui donnant une patience, une une joie spirituelle et une charité croissante. Elle pouvait dire avec ant justifiés par la foi, nous avons

2..

I

la paix avec Dieu, par notre Seigneur Jésus-Christ; nous restons fermes dans la grâce, et nous nous glorifions même dans nos afflictions. (Rom. V.)

Enfin l'ecclésiastique qui avait sa confiance, et qui en était si digne, obtint des maîtres de la bonne Armelle, qu'on lui permit de se rendre à la ville, chez une veuve respectable, pour s'y faire soigner. Il lui amena des médecins; mais ils ne comprirent point sa maladie, et ils ne purent la soulager un peu, que par la saignée. L'un d'eux eut même, à son égard, des soupçons injurieux et tellement humiliants, qu'elle aurait pu en être irritée et bouleversée; mais elle rendit grâces à Dieu, de cette occasion qu'il lui donnait, de souffrir injustement un opprobre; et au lieu d'éprouver contre ce médecin du ressentiment, elle put lui pardonner de tout son cœur, et voir en lui un instrument de bénédiction pour son âme.

.La maladie de la bonne Armelle se prolongea encore, et elle disait, en parlant de ses horribles souffrances : Je suis comme dans une fournaise, mais c'est dans une fournaise bénic, allumée par l'amour même de mon Dieu. Plusieurs ecclésiastiques vinrent la visiter, et s'édifièrent puissamment auprès d'elle. Tous ses discours respiraient la paix et la piété la plus intime et la plus douce.

§. 10.

Lorsqu'elle fut un peu remise, la bonne Armelle entra au service d'une société de dames religieuses, dans la maison desquelles elle reprit bientôt toutes ses forces. Une autre servante, qui se trouvait depuis long-temps dans la maison, conçut pour elle un profond attachement, et fit son possible pour lui éviter toute espèce de fatigue. Elle put jouir ainsi d'une grande tranquillité, et fut en édification à toutes les personnes qui l'entouraient. Son humilité et son respect pour ses maîtres, lui faisaient garder le silence, et il fallait s'y prendre avec une grande délicatesse pour la faire parler. Alors elle se laissait aller insensiblement à des entretiens pleins de vie et d'onction; elle parlait de l'amour du Sauveur, d'une manière ravissante, et attirait puissamment les cœurs à Jésus.

Une année et demie s'écoula ainsi, pour la bonne Armelle, au milieu de cette vie douce et tranquille; elle se rétablit parfaitement. Mais dès qu'elle se trouva en état de travailler et de reprendre son genre de vie pénible, elle éprouva un désir ardent de retourner dans son ancienne condition.

Cependant cela ne put se faire immédiatement. On la retint là où elle était; car elle y était révérée de tout le monde. On lui donna des enfants à soigner et à diriger, et ils prirent pour elle une telle affection, un tel respect, une telle confiance, qu'ils lui étaient soumis en tout. Sa présence seule, le calme, la sérénité et la modestie qui brillaient en elle, les retenaient dans l'ordre et dans le devoir. Si quelqu'un d'eux tombait en faute, elle le prenait à part, l'exhortait avec douceur et avec amour, et elle inspirait ainsi, à tous ces enfants, une piété sincère et une obéissance de cœur. Quant aux autres soins qu'elle devait leur donner, elle s'en acquittait avec un calme parfait, avec un ordre admirable.

Ses grandes occupations ne l'empêchaient pas de remplir tous ses devoirs religieux. Mais s'il lui survenait des besoins de piété et de prière, au milieu d'un travail que son devoir l'obligeait de faire, elle savait se vaincre elle-même, pour se priver de ce que son âme désirait, et continuait son travail. Cependant une des dames de la maison s'en étant aperçue, eut l'attention de l'envoyer se reposer et se recueillir, toutes les fois qu'elle crut remarquer en elle ce besoin de prière. La bonne Armelle reprenait de nouvelles forces, une nouvelle vie dans ces exercices de piété, et retournait à ses occupations avec une ardeur plus grande.

Pendant tout le temps qu'elle passa dans la maison, personne n'eut jamais à la reprendre pour aucune faute, ni pour aucune parole.

§. 11.

Plus la bonne Armelle se trouvait à son aise et commodément, dans la maison où elle était, plus elle sentit naître en elle le désir de la quitter. Certaines tentations qu'elle avait dès longtemps vaincues, lui revenaient tout de nouveau; quoiqu'elle ne se relachât point dans sa fidélité ordinaire, elle s'apercevait d'un changement dans son âme, et n'avait plus la même ardeur de piété, le même élan de prière. Sur les conseils de deux ecclésiastiques pleins d'expérience, et à la demande de son ancienne maîtresse, elle retourna chez cette dernière, en emportant dans son cœur un attachement profond et une vive reconnaissance, pour les dames religieuses dont elle s'éloignait.

En la quittant, l'un des deux ecclésiastiques, dont nous venons de parler, lui avait dit : Vous aurez encore bien des doutes et bien des combats; mais restez ferme, comme un rocher dans la mer, et cramponnez-vous à ce que vous aurez reconnu être la sainte volonté de Dieu.

§. 12.

Une fois rentrée dans la maison de ses anciens maîtres, la bonne Armelle y resta jusques à la fin de ses jours. C'est dans cette maison qu'elle devait, par une multitude d'expériences intérieures et de tentations spirituelles, faire de nouveaux progrès, vraiment étonnants, dans l'union avec le Sauveur, et parvenir pleinement à cet état que S. Paul appelle la vie cachée avec Christ en Dieu. Ce qui l'avait toujours distinguée, c'était son amour extraordinaire pour le Sauveur. Cet amour s'augmenta de jour en jour, et la bonne Armelle y avança tellement, qu'elle parvînt, par la foi en Jésus, à un degré de renoncement à elle-même, de paix et de joie, dont on rencontre peu d'exemples.

Cette paix et cette joie ne l'abandonnèrent point, dans les souffrances nombreuses qu'elle eût encore à supporter ; car elle souffrait chrétiennement, en regardant à celui qui a souffert pour nous, et ainsi, ses souffrances même, devenaient pour elle, un sujet d'actions de grâces.

§. 13.

En 1666, la bonne Armelle passant auprès d'un cheval, en reçut un coup de pied, qui la renversa par terre et lui cassa la jambe.

Cet accident ne lui causa aucune émotion. Elle eut la force d'en remercier le Seigneur, au même instant, et de le bénir de l'épreuve qu'il lui envoyait.

Malgré les grandes douleurs qu'elle éprouva jusqu'à sa mort, malgré la nécessité où se trouvèrent les chirurgiens de lui extraire plusieurs os, elle ne laissa jamais échapper la moindre marque d'inquiétude ou d'impatience. Chacun était étonné de la voir si contente et si joyeuse, au milieu de ses souffrances aiguës. Un ecclésiastique étant allé la visiter, dit en revenant, à la personne qui nous a conservé tous ces détails : Si un ange avait un corps comme nous, et s'il se cassait une jambe, il ne se comporterait pas mieux, dans ses souffrances, que la bonne Armelle.

Pendant quinze mois entiers, elle fut hors d'état de sortir. Sa bonne jambe était perclue par un rhumatisme douloureux, et la faisait souffrir, bien plus encore que sa jambe cassée. Elle était obligée de rester au lit, ou d'être assise dans un fauteuil. Les dimanches et les jours de fête, elle se faisait porter à l'église; les autres jours, elle s'occupait encore des soins du ménage, tout en étant sur sa chaise, dans quelque coin de la cuisine, et ne restait pas un moment oisive.

Un grand nombre de personnes, de toute condition, prenaient plaisir à la visiter, à s'entretenir avec elle. Sa conversation les édifiait puissamment, et sa patience leur servait d'exemple.

Le Seigneur ayant enfin jugé à propos de lui accorder quelque soulagement, la bonne Armelle commença à marcher avec des béquilles, à la suite de prières ferventes, par lesquelles elle avait demandé à Dieu cette grâce. Son cœur en fut pénétré de reconnaissance. Mais cette reconnaissance devint bien plus vive encore, lorsque, dans l'été de 1669, elle recouvra, dans l'Église même, en priant de tout son cœur et de toute son âme, la faculté de marcher seule et sans ses béquilles. Elle en eut une joie si grande, qu'elle se jeta à genoux, fondit en larmes, et supplia tous les assistants de rendre grâces avec elle.

Dès lors, elle déclara qu'elle ne désirait

pas être mieux jusqu'à sa mort ; qu'elle priait Dieu de lui laisser toujours des douleurs, pour lui apprendre à porter sa croix et à se tenir sans cesse attaché à lui. C'est en effet ce qui eut lieu. Les douleurs ne diminuèrent point ; mais la bonne Armelle pouvait aller et venir avec un bâton, et elle était sereine et joyeuse. Elle goûtait, au plus haut degré, la présence de Dieu, dans son cœur, et les dernières années de sa vie furent plus édifiantes encore que les précédentes.

§. 14.

Le 5 août 1671, elle fut saisie d'une fièvre intermittente, qui finit par revenir tous les jours, pendant un mois. On crut qu'elle allait mourir ; mais elle répondit avec assurance : Oh, non ! Je ne mourrai pas encore : il faut que je souffre davantage, pour que le Seigneur puisse achever son œuvre en moi.

Au bout d'un mois, elle fut un peu mieux, quoique la fièvre continuât. On la conduisit à Vannes, vers la fin de septembre. Sa faiblesse devint extrême, et elle ne put plus sortir du lit. Sentant sa fin approcher, elle donna quelques instructions, sur le ménage, à la fille de la maison.

Peu de jours après, une inflammation à la gorge se déclara, et elle ne fut plus capable de prendre aucune nourriture. Elle éprouvait des douleurs atroces, en avalant même un peu d'eau; mais plus les douleurs étaient fortes, plus elle faisait preuve de sérénité, de patience et de reconnaissance envers Dieu.

Un samedi soir, comme la maladie faisait des progrès, et que la faiblesse devenait plus grande, la bonne Armelle désira faire sa confession, et recevoir le saint sacrement de la Sainte-Cène. Elle remplit ce devoir avec une repentance profonde, en versant beaucoup de larmes, et le cœur rempli de foi et d'amour pour le Sauveur. Le mardi, 20 octobre, elle communia encore une fois avec toute sa présence d'esprit.

C'est ce jour là, que l'agonie de la mort commença pour elle. Tant qu'elle put parler, elle prononça le saint nom de Jésus. Pendant deux jours et trois nuits que dura

son agonie, sa chambre fut toujours rem-
plie de personnes de tout rang, qui venaient
la voir encore, et s'édifier aux derniers moments de cette pauvre servante, dont la
piété sincère et l'humilité, inspirait géné-
ralement une profonde vénération. Enfin,
le 24 octobre 1671, entre midi et une heure,
la bonne Armelle s'éteignit doucement, et
rendit son âme à Dieu.

§. 15.

Dès que la nouvelle s'en fut répandue
dans la ville, on accourut de toutes parts,
avec respect, afin de contempler encore ses
restes mortels. Chacun désirait posséder quelque chose d'elle, comme un souvenir, et
la plus grande partie de ses chétifs effets,
fut ainsi emportée par ceux qui purent les
obtenir. Il n'était personne qui ne fit l'éloge
de cette humble servante, à laquelle son
maître surtout rendait un touchant témoi-
gnage. La perte de la bonne Armelle fut aussi
sensible à son cœur, que l'eût été celle d'un
de ses enfants. Il lui fit rendre les derniers
devoirs, comme à sa propre fille. Il arrosa

ses pieds de ses larmes. Toute sa famille en fit autant, et plusieurs personnes suivirent cet exemple. L'expression des traits de la bonne Armelle semblait avoir, après sa mort, quelque chose de plus spirituel encore que pendant sa vie. Elle paraissait être en prière, et cette vue inspirait un respect religieux.

Le dimanche suivant, le corps fut porté et déposé dans une chapelle, et le convoi qui l'accompagna, fut si nombreux, qu'on l'aurait pris pour une immense procession. L'office des morts fut célébré avec recueillement, et les grâces que Dieu avait faites à sa fidèle servante, furent énumérées dans un petit discours, qu'un ecclésiastique prononça dans cette occasion.

Enfin, on grava sur sa tombe, l'inscription suivante, par laquelle nous terminons cette notice :

Ici repose le corps d'Armelle Nicolas, qui par sa naissance fut une simple paysanne, et par son état, une humble servante. On l'appelle communément la bonne Armelle. — Elle a vécu dans une communion intime avec Dieu, et fut la fille de son amour. Elle est

3..

morte sur la terre, et a commencé de vivre au ciel, le 24 octobre 1671, à l'âge de 65 ans.

Marchez sur ses traces, c'est-à-dire : Aimez Dieu comme elle. Qu'elle repose en paix.

Amen.

II. *Extrait des conversations de la bonne Armelle.*

§. 1.

Une des amies les plus intimes de la bonne Armelle lui demandait un jour, par quel moyen elle était arrivée à cet heureux état de piété et de grâce, dans lequel se trouvait son âme, et quelles étaient les occupations continuelles de son esprit et de son cœur.

§. 2.

La bonne Armelle lui répondit : que, grâces à la miséricorde de Dieu, elle n'avait jamais appris autre chose qu'à aimer selon l'Évangile ; que tous ses exercices, tous ses motifs, toutes ses vues, tous ses désirs ne tendaient qu'à aimer de jour en jour davantage, avec plus d'ardeur et de pureté, et que, par là, elle avait fait quelques progrès dans la connaissance et dans la pratique de tous ses devoirs.

§. 3.

Chaque matin en m'éveillant, disait-elle, je me jetais dans les bras de Dieu, qui est Amour et Charité, comme un enfant, dans les bras de son père. Je me levais pour le servir ; je faisais tout mon travail pour lui plaire. Quand j'avais le temps de prier, je me mettais à genoux en sa présence, et je lui parlais comme si j'avais pu le voir de mes yeux. Je m'abandonnais à lui sans réserve ; je le priais d'accomplir en moi sa volonté tout entière, et je le suppliais de ne pas permettre que je me rendisse coupable de la moindre désobéissance envers lui, pendant le cours de la journée.

§. 4.

Je m'occupais de lui et de ses divines louanges, autant qu'il m'était possible, et autant que mes occupations me le permettaient. Mais le plus souvent je ne trouvais pas même assez de temps dans toute la journée, pour réciter Notre père. J'aimais autant travailler pour l'amour de Dieu, que de le prier; car il m'avait appris lui-même, que tout ce que je faisais par amour pour lui, était une véritable prière.

§. 5.

Je m'habillais dans la compagnie de mon Dieu, et il me montrait que j'étais redevable de mes vêtements à sa bonté et à son amour. J'allais ensuite à mon travail; mais il ne me quittait pas, et moi, je ne le quittais pas non plus. Il travaillait avec moi, et moi avec lui, et je me sentais unie à lui, comme si j'eusse été en prière. Oh! qu'il m'était doux et facile de supporter toutes mes peines et toutes mes fatigues en une si bonne compagnie. Cela me donnait souvent tant de force et de courage, que rien au monde ne m'était pénible, et je sentais que j'aurais pu faire tout le travail de la maison. Mon corps était tout entier au travail; mais mon cœur et tout mon être était rempli d'un ardent amour et savourait intérieurement cette douce et familière présence de Dieu, qu'il lui plaisait de m'accorder.

§. 6.

C'est ainsi qu'au milieu même de mon travail, je m'entretenais sans cesse avec lui. Je l'aimais, je me délassais en lui et je me tenais toujours près de lui, comme auprès d'un intime ami. Si mes occupations étaient de nature à attirer toute mon attention et toutes mes pensées, je tenais pourtant mon cœur constamment tourné vers lui, et aussitôt que la chose qui m'occupait était achevée, je recourais en toute hâte à mon Dieu, comme ferait une personne qui en aime fortement une autre, et qui ne s'en sépare qu'à moitié et à regret, en allant à ses affaires. Voilà précisément ce qui m'arrivait avec Dieu. Il m'était, pour ainsi dire, impossible de me séparer de lui, et je ne pouvais vivre hors de sa présence.

§. 7.

Je savais bien, et lui-même me l'avait appris, par expérience, qu'aussi longtemps que je pourrais regarder à lui, je ne pourrais l'offenser, ni m'empêcher de l'aimer. Plus je portais mes regards sur lui, plus j'apprenais à reconnaître, d'un côté ses divines perfections, et de l'autre, ma misère et mon néant. Je m'oubliais ainsi, je renonçais à moi-même, comme à une chose indigne de m'occuper; je m'élevais au-dessus de moi-même et de toutes les créatures, pour m'unir à Dieu, et pour m'attacher à lui continuellement.

§. 8.

Mon seul et unique but était de lui plaire, dans toutes mes actions, et de veiller sur moi-même, pour ne pas lui désobéir. C'était là mon soin principal, en toute circonstance; et je ne le faisais point pour le profit que je pouvais en retirer, ou par crainte du mal qui aurait pu m'arriver, en agissant autrement : Non ; toutes ces idées de profit ou de perte étaient loin de mon âme; je n'y pensais pas du tout. Le bon Dieu, qui est amour, voulait tout avoir pour lui; et pourvu qu'il fût content, moi j'étais contente aussi. Hors de là, tout m'était indifférent.

§. 9.

Lorsque, chaque matin, j'allumais un grand feu, avec une faible étincelle, je disais : Ah! mon Dieu! Toi, qui es amour et charité, si seulement on te laissait agir dans les âmes comme tu le désires, tu y répandrais bien vite, par ton Saint-Esprit, le feu divin de la charité et de l'amour.

§. 10.

Quand je préparais les repas, il me semblait entendre dans mon cœur la voix de mon Sauveur bien-aimé, qui me disait : L'homme ne vit pas de pain seulement, mais de toute parole qui sort de la bouche de Dieu ; je suis la nourriture de ton âme.

§. 11.

Quand je mangeais ou que je buvais, je faisais cela, comme tout le reste, en sa sainte présence, et je me souvenais qu'il nous donne sa chair à manger et son sang à boire, qu'il est le pain de vie descendu du ciel ;

et qu'il donne à celui qui a soif une eau vive, jaillissante en vie éternelle. Il me semblait que lui-même me présentait cette nourriture et ce breuvage, pour me rendre plus fervente dans son amour. On ne peut se figurer quel effet cela produisait dans mon âme. Je vous assure que c'est quelque chose d'inexprimable. Il n'y a que Dieu qui pourrait le dire. Pour moi, je ne le pourrais, quand même j'y emploierais toute ma vie.

§. 12.

Il n'y avait pas de créature si petite, disait encore la bonne Armelle, qui n'élevât mon âme à Dieu, et qui ne m'apprît à sa manière à l'aimer ; de sorte que souvent je ne pouvais m'empêcher de m'écrier à haute voix et de lui dire : O mon Dieu ! mon Amour et mon Tout ! quand même il n'y aurait aucun homme au monde pour me dire que je dois t'aimer, les animaux et les autres créatures me l'apprennent assez ; et quand même tu te cacherais toi-même de devant moi, ils me montreraient bien comment je dois te servir et te trouver.

§. 13.

Quand je voyais un pauvre chien qui ne quitte jamais son maître, qui est si fidèle à le suivre continuellement, et qui lui fait mille caresses dès qu'il en reçoit une bouchée de pain; Dieu tout bon! Quelle leçon puissante c'était pour moi! Comme cela m'excitait à en agir de même envers mon Dieu, qui m'avait imposé, par tant de bienfaits, l'obligation de le servir et de l'aimer.

§. 14.

Quand je voyais dans les champs, les petits agneaux, qui sont si doux, si paisibles; qui se laissent tondre et immoler, sans crier et même sans bêler, je me représentais mon Sauveur, qui s'est laissé conduire à la mort comme un agneau, et comme une brebis muette devant celui qui la tond, et qui n'a point ouvert la bouche (És. LIII). Il m'apprenait, par là, à renoncer à moi-même, à le suivre, et à me rendre semblable à lui, dans les choses les plus difficiles et les plus pénibles.

§. 15.

Quand je voyais les petits poulets se réfugier sous les ailes de leur mère, je me souvenais aussitôt que mon Jésus s'est comparé
à la poule qui rassemble ses poussins sous
ses ailes, afin de réveiller ma confiance en
lui, et afin de m'apprendre à me tenir caché
et à couvert, sous les ailes de sa divine providence, pour échapper aux embûches du
diable.

§. 16.

Quand je considérais les belles campagnes,
les vertes prairies émaillées de fleurs, je le
priais avec ferveur de faire de mon âme son
jardin de délices; de tenir fermé ce jardin,
afin que personne que lui ne pût y entrer.

§. 17.

Quand je voyais les arbres, se laissant
fléchir et pliant au gré des vents, et la mer
agitée ne dépassant jamais ses limites, je

disais : O mon Dieu! pourquoi ne suis-je pas aussi disposée et aussi docile à me laisser fléchir et guider par les mouvements et les attraits de ton Saint-Esprit? Ah! fais-moi la grâce, je t'en prie, de ne jamais outrepasser les bornes que m'impose ta voionté adorable.

§. 18.

Les poissons qui nageaient et se récréaient au milieu des eaux, m'apprenaient à me plonger de la même manière et à me restaurer sans cesse dans l'amour de Dieu.

§. 19.

Quand je voyais le laboureur, cultivant la terre et l'ensemençant, il me semblait voir mon Sauveur, qui, pendant le temps de sa vie terrestre, essuya tant de sueurs, de peines et de travaux, pour cultiver notre âme et pour y répandre la semence céleste de la divine charité. Il ne se lassait point, quoiqu'il se trouvât si peu de bonne terre pour porter du fruit. En pensant qu'il y a si peu d'âmes disposées à l'aimer et à garder

sa parole, j'éprouvais une douleur inexprimable.

§. 20.

Quand je voyais, au temps de la moisson,
séparer le froment de la paille, je me souvenais qu'au jugement dernier, il en sera
de même des justes et des méchants.

§. 21.

En un mot, il n'y avait aucune créature,
connue de moi dans le monde, qui ne servît
à m'instruire, et qui ne m'apprit toujours
quelque chose de nouveau. Aussi je disais
souvent à Dieu: O mon bien-aimé! comme
tu as bien trouvé les moyens de suppléer à
mon ignorance! Je ne sais ni lire, ni écrire;
mais tu as placé devant moi, dans la nature, des lettres si grandes, pour mon instruction, qu'il me suffit de les regarder,
pour apprendre combien tu es aimable.
Quelquefois même je voudrais presque ne
les pas voir; car elles excitent, pour toi, un
si grand amour dans mon âme, que je ne
sais plus où aller.

§. 22.

Les créatures , continuait la bonne Armelle , ne contribuaient pas seulement à mon instruction : je voyais, en outre, que Dieu, dans sa bonté infinie les avait toutes créées pour mon service, et que par elle et par leur moyen, il ne cessait de me faire du bien; de sorte que j'apercevais clairement, que c'était Dieu même, qui se servait d'elles pour me rendre tous les services que j'en retirais.

§. 23.

Aussi, je lui attribuais tout, et je disais en moi-même : Si ma maîtresse m'envoyait chez quelqu'un pour lui porter un présent de sa part, la personne qui recevrait ce présent ne m'aurait aucune obligation, et ne serait tenue à aucune reconnaissance envers moi; mais elle le serait envers ma maîtresse, qui lui aurait envoyé ce présent. C'est ainsi que tout le bien que les créatures me font, ne vient pas d'elles, mais de Dieu, mon bien-aimé, qui se sert d'elles, pour me faire du bien.

§. 24.

De cette manière, il ne se passait pas un moment du jour, où je n'eusse quelque nouvelle raison de l'aimer et de m'unir à ce bon Dieu, comme à celui qui était intimement présent à mon âme, et qui, sans que je le cherchasse, me communiquait toutes ces connaissances et toutes ces pensées. Il le faisait avec une telle surabondance, que si l'on avait pu coucher tout cela par écrit, on aurait eu assez de matériaux pour écrire des livres entiers. Ainsi tout dans la nature, bien loin de me distraire et de me détourner de la présence habituelle de Dieu, m'y affermissait de plus en plus chaque jour.

§. 25.

Quand, au milieu des occupations continuelles de la journée, mon corps éprouvait quelque fatigue ou quelque embarras ; quand il était disposé à se plaindre, à murmurer, à chercher ses aises, à s'abandonner à la mauvaise humeur ou à la colère, aussitôt mon Dieu, mon amour, m'éclairait de sa lumière : il me montrait que je devais étouffer ces bouillonnements de la nature, et ne jamais les favoriser par mes paroles ou par mes actions. Il se rendait lui-même le gardien vigilant de mes lèvres et de mon cœur, pour m'empêcher de nourrir ces mouvements désordonnés, de sorte qu'ils s'amortissaient nécessairement, au moment même de leur naissance.

§. 26.

Il arrivait bien quelquefois, mais seulement dans des cas de grande précipitation, que je me laissais entraîner par un mouvement violent d'impatience, ou par quelque autre passion désordonnée; mais à l'instant même j'étais arrêtée, et forcée intérieurement de retenir le mot prêt à s'échapper de ma bouche, comme si quelqu'un m'eût lié la langue; et je ne pouvais continuer, qu'après avoir réduit au silence le mouvement déréglé qui s'était emparé de moi. Quand même il ne se serait agi que de reprendre un enfant, de lui rappeler une faute qu'il avait commise, si de tels mouvements naissaient dans mon cœur, j'étais obligé de m'arrêter et de me taire. Et pourquoi? simplement parce que j'étais toujours en présence de mon Dieu, qui voyait toutes mes actions et observait tout. Alors je me disais à moi-même : comment ferais-je une telle chose devant les yeux et en la présence de mon bien-aimé, qui me regarde sans cesse. Oh! je dois bien m'en garder.

§. 27.

Devenue prudente et vigilante, pour découvrir toutes les ruses de la chair et pour résister à toutes ses attaques, la bonne Armelle disait encore : Que par ces sortes de piéges, Satan cherche à nous surprendre, au moyen de mille prétextes, qu'il nous suggère, tels que le besoin, la nécessité, la faiblesse ou la fatigue, et d'autres raisons spécieuses ; de sorte que, si l'on n'est pas fort soigneux à se tenir sur ses gardes, on tombe bien vite dans ses filets. «La bonne Armelle ajoutait, que ces sortes d'occasions de pécher sont bien plus dangereuses, que celles où le danger se montre plus claire-ment, parce qu'il faut alors user de beau-coup plus grandes précautions. C'est surtout quand les tentations se lient à la conserva-tion de la santé et de la vie, qu'il faut le plus de prudence pour les découvrir, et le plus de courage pour en sortir victorieux, parce qu'elles nous surprennent avec plus de subtilité et de promptitude. Aussi, disait la bonne Armelle, je n'y aurais jamais soup-çonné le plus petit danger, si mon bien-aimé Sauveur ne me les avait fait connaître. Mais il me les montrait si clairement, que je ne pouvais conserver le moindre doute à cet égard. Dans presque toutes les occasions, il m'apprenait à distinguer ce qui provenait de la grâce, et ce qui venait de la nature corrompue, et il me donnait la force d'obéir à l'esprit de grâce et de dompter la cor-ruption de la nature.

§. 28.

Quand je n'étais pas suffisamment sur mes gardes, et que je me laissais surprendre par une faute : alors, je ne pouvais plus vivre sans avoir obtenu le pardon, et sans avoir fait ma paix avec Dieu. Je pleurais, humiliée en sa présence, je lui racontais mes péchés, comme s'il ne les avait pas vus; je lui confessais ma faiblesse et je ne pouvais m'en aller de la place, jusqu'à ce que je sentisse son pardon au fond de mon cœur, et qu'il me confirmât de nouveau l'assurance de son amitié. Il le faisait alors avec plus de force que jamais, et par sa grande miséricorde il recommençait aussi souvent, que je retombais en faute. De cette manière, mes chutes mêmes, en m'humiliant et en me faisant éprouver sa grâce, servaient à rallumer, avec plus de force, mon amour, pour ce divin Sauveur de mon âme.

§. 29.

La pieuse Armelle disait souvent : Il n'y a rien au monde de plus misérable et de plus petit, qu'un cœur qui se rend l'esclave de ses désirs, et qui s'abandonne aux convoitises de la chair.

Il n'y a ni paix véritable, ni véritable repos, jusqu'à ce que l'on soit devenu soumis et obéissant envers Dieu.

Être esclave de soi-même, ou être esclave du diable, c'est la même chose.

Tous ceux qui confessent leur misère et qui se plaignent, ne sont misérables que parce qu'ils veulent bien l'être; car ils redoutent la peine qu'il faut prendre pour se vaincre; et cependant il est beaucoup plus facile de se vaincre, que de se rendre content.

Plus on reste en arrière, en traînant les choses en longueur, plus elles paraissent ennuyeuses et difficiles, parce que la paresse naturelle se renforce, et que l'esprit s'affaiblit et perd toute son énergie.

Celui qui veut se dompter ne doit jamais céder à la nature corrompue; il ne doit ni la flatter, ni la ménager, ni lui accorder le moindre empire sur lui-même. Dès qu'on lui cède tant soit peu dans ce qu'elle désire, elle devient insolente et indomptable, de sorte qu'on a plus de peine à lui reprendre ce qu'on lui avait accordé, qu'on n'en aurait eu d'abord à lui tout refuser. Aussi, pour pouvoir goûter la vie véritable, faut-il sans cesse mortifier les mauvais penchants de la nature, sans les épargner en rien, et sans en avoir pitié. Celui qui parvient à les terrasser entièrement, établit en lui-même le règne de la paix, et goûte une félicité que les autres ne sauraient comprendre.

§. 30.

La bonne Armelle avait encore coutume de dire :

Qu'aimer Dieu, et vouloir endurer, pour l'amour de lui, des souffrances sans bornes, sont deux choses inséparables ; que le véritable amour se reconnaît à la patience dans les souffrances ; que, vouloir éviter les croix, ou murmurer contre l'affliction, ce n'est autre chose que s'éloigner de la source de tout bien, puisque Dieu est un Sauveur crucifié, et ne se trouve que par le chemin de la croix.

§. 31.

Pour obtenir la grande grâce de pouvoir souffrir avec son Sauveur, la bonne Armelle lui adressait dans les premières années la prière suivante, que le Saint-Esprit lui mettait au cœur et qu'elle prononçait avec une ferveur brûlante : O mon bien-aimé Sauveur, Jésus crucifié ! qui a pu te porter à souffrir pour moi une mort si cruelle? Mon Jésus ! fais-moi la grâce, je t'en prie, de m'apprendre à renoncer à moi-même, et d'avoir part à tes saintes souffrances. Les clous ont percé tes pieds et tes mains; une lance a déchiré ton côté; ton sang a bouillonné au dedans de toi par la force de l'angoisse : Oh! puissé-je apprendre à supporter, comme toi, sans me plaindre, d'aussi grandes douleurs! Demeure en moi, Seigneur; fais que je demeure en toi, et que je meure après une sainte agonie comme la tienne. O mon Jésus ! accorde-moi la grâce de souffrir et de mourir par amour pour toi, et pénétrée de repentance et de douleur, à cause de tous mes péchés.

§. 32.

Ce recours qu'elle avait continuellement à son Sauveur bien-aimé, lui donnait la force de supporter et de vaincre toutes les contrariétés de la vie ; car la bonne Armelle disait : Lorsque les hommes me calomniaient ou me maltraitaient, ou que les esprits malins me poursuivaient de leurs tentations, pour m'attirer dans leurs piéges, je me tournais à l'instant même vers mon Sauveur bien-aimé, qui étendait ses bras vers moi, m'ouvrait son cœur et me montrait ses blessures, en m'invitant à me réfugier dans son sein et à m'y mettre en sûreté. Aussi, je m'y jetais comme dans une forteresse, et là, j'étais à moi seule plus forte que tout l'enfer réuni. Quand toutes les créatures se seraient alors liguées contre moi, je n'en aurais pas eu peur plus que d'une mouche, parce que mon Dieu, mon amour, me tenait sous sa protection.

§. 33.

Toutes les fois qu'on l'offensait, ou qu'on lui faisait du tort, la bonne Armelle recevait cela comme une grande grâce de Dieu, et elle ne pouvait s'empêcher d'aimer ses ennemis, ses adversaires et ceux qui la contrariaient, beaucoup plus qu'auparavant , et de leur faire le plus de bien qu'il lui était possible. Aussi avait-elle coutume de dire : qu'elle ne savait pas ce que c'était qu'un ennemi, et qu'elle n'en avait jamais eu ; que pour elle, elle regardait comme ses plus grands amis , ceux que le monde appelle ennemis, et que la marque à laquelle elle les distinguait des autres hommes, c'était le grand amour qu'elle ressentait pour eux dans son cœur. Aussitôt que quelqu'un lui avait fait quelque mal , c'était comme s'il avait ouvert la porte de son cœur, pour y pénétrer et pour pouvoir trouver place dans ses prières ; tandis qu'auparavant elle n'y avait jamais pensé. Celui qui lui avait causé le plus de désagrément, était celui qui devenait surtout l'objet de sa charité et de ses prières.

§. 34.

Lorsque, souvent, Dieu lui-même semblait se cacher ou s'éloigner d'elle, elle lui disait : O mon bien-aimé ! cela ne fait rien, quand même tu te caches : Je ne t'en servirai pas moins, bon gré, mal gré ; car je sais pourtant que tu es mon Dieu! Et, alors, disait-elle, je m'efforçais plus que jamais de prendre garde à moi-même, d'être fidèle, pour ne pas déplaire à celui qui possédait seul mon amour, et qui était le seul que je dusse craindre. Dans ces moments-là, j'apprenais mieux à connaître mon extrême misère, et à me confier de plus en plus en mon Sauveur. J'étais contente de ce qu'il voulait, et je serais demeurée volontiers dans cet état pénible, tout le temps de ma vie, si cela avait pu lui plaire. Mais il ne m'y laissait pas longtemps, et si j'osais m'exprimer ainsi, je dirais qu'il ne pouvait s'empêcher de me témoigner sa tendresse, tout comme moi, de mon côté, je ne pouvais vivre sans lui. Au lieu d'un petit moment, pendant lequel il m'avait retiré sa douce présence, il me comblait, en revenant dans mon âme, d'une telle abondance de grâces célestes, et de marques de son amour, que j'en étais accablée.

§. 35.

Dans tous ses exercices et dans toutes ses occupations, la bonne Armelle était

5..

d'une fidélité qui passait toutes les bornes ordinaires. Aussi, en toutes occasions, elle vantait cette vertu de la fidélité et la recommandait à tout le monde. Pendant six ou sept ans elle ne cessa de répéter : Soyons fidèles, soyons fidèles au bon Dieu. Car la fidélité nous unit à lui ; mais l'infidélité nous sépare de lui. Lorsqu'on lui demandait comment il faut servir Dieu, elle répondait toujours : Il n'y a point d'autre chemin à suivre en cela, que la fidélité, qui doit s'étendre à toutes les choses, grandes et petites, sans en excepter les plus insignifiantes. Or être fidèle, c'est, comme Dieu lui-même me l'apprend, faire parfaitement bien tout ce que l'on fait, lors même qu'il s'agit des plus petites bagatelles. Cette fidélité unit l'âme à Dieu ; mais l'infidélité empêche et rend impossible cette union.

§. 36.

Souvent la bonne Armelle répétait, plus de cent fois dans la même conversation : Soyons fidèles à Dieu, soyons-lui fidèles ; car il arrive très-souvent que la grâce qui nous est offerte d'abord, pour nous aider dans l'accomplissement de ce que nous avons à faire, nous est ensuite refusée, si nous ne sommes pas fidèles. Et puis, on n'est pas sûr de sa vie; et supposé qu'on en soit sûr, on ne devrait pourtant pas, à cause de cela, remettre au lendemain ce qu'on peut faire le jour même; car un tel retard est la preuve, que l'on n'aime pas comme il faut aimer. Si notre amour est grand et véritable, il ne saurait demeurer tranquille aussi longtemps qu'il sait que son bien-aimé désire une chose qu'il n'a point encore accomplie. Cette tiédeur est la vraie cause pour laquelle tant de personnes se perfectionnent si lentement. Elles savent bien ce que Dieu exige d'elles; mais comme elles ont peur de se faire un peu de violence, elles remettent les choses toujours à un autre temps, et elles disent : demain, demain, nous ferons cela; et ce demain n'arrive jamais. Plus elles persistent longtemps dans leurs habitudes et les favorisent, moins elles ont de force pour leur résister; et Dieu, qui voit leur infidélité, les abandonne finalement, et s'éloigne d'elles.

§. 37.

Vous savez maintenant, dit la bonne Armelle, comment j'ai passé mon temps, aussi bien les jours ouvriers, que les jours de fêtes. J'avais autant d'occupations un jour que l'autre ; mais cela ne me faisait rien, car tout m'était égal, le travail et le repos, les choses faciles, et les choses pénibles, parce que je ne regardais pas à ce que j'avais à faire, mais à celui pour l'amour duquel je le faisais.

§. 38.

Lorsque le soir était venu, que chacun allait se coucher, moi, je ne trouvais de repos que dans le recueillement et dans la prière. Je m'endormais en me tenant attachée au Sauveur, comme un enfant à sa mère. J'étais occupée de Dieu et de ses louanges ; jusqu'à ce que le sommeil s'emparât de moi, et la plupart du temps, l'amour que j'avais pour lui, tenait mes sens si éveillés, que je passais sans dormir la plus grande partie des nuits. Je me rappelais sa bonté toujours nouvelle, qui jamais ne m'abandonnait un seul instant, mais qui veillait constamment sur moi, et ne cessait jamais de tenir en sa sainte garde une si indigne créature. Souvent les esprits malins cherchaient pendant la nuit à me tenter et à me vaincre par leurs ruses, surtout pendant que je dormais ; mais mon Sauveur me protégeait et combattait lui-même pour moi. Il me faisait même la grâce de leur résister, pendant mon sommeil, aussi vaillamment que si j'eusse été éveillée.

§. 39.

Voilà comment s'est passée la vie d'une pauvre paysanne, d'une chétive servante, depuis qu'il a plu au Dieu de bonté et de charité, de lui servir lui-même de guide. Il m'a tirée ainsi de ma misère, c'est-à-dire, de mon ignorance et de mes péchés, et il a fait de moi ce que je suis maintenant, par sa grâce et par sa miséricorde. Voilà quel a été mon genre de vie pendant vingt ans, sans que j'aie senti diminuer, le moins du monde, l'amour qu'il a versé pour lui dans mon cœur, dès le commencement de ma conversion. Au contraire, cet amour est allé de jour en jour en croissant, quoique chaque jour il me semblât que je ne pouvais supporter longtemps le degré d'amour que je trouvais déjà dans mon âme. Maintenant, je suis rassasiée et contente dans son amour infini. Mais autrefois, avant qu'il en fut ainsi, mon âme avait une faim et une soif journalières de cet amour du Seigneur, que j'éprouvais déjà d'une manière si forte, que je ne croyais pas qu'il pût s'augmenter.

§. 40.

Toutefois, je ne suis parvenue à ce degré de paix, à ce rassasiement de joie, que lorsqu'il a plu au bon Dieu de m'introduire en esprit dans son sanctuaire. Pendant les vingt ans dont je viens de parler, j'avais encore vécu dans ma propre maison spirituelle, si j'ose m'exprimer ainsi ; mais à la fin, Dieu m'a fait entrer dans la sienne, c'est-à-dire qu'il m'a fait la grâce d'être en lui, et lui en moi. Depuis lors, ce que j'éprouve dans mon intérieur surpasse tout ce que j'éprouvais auparavant, et je ne saurais le décrire.

Je suis entièrement détachée du monde et des créatures, et mon esprit est élevé au-dessus de la terre et semble ne plus y vivre. Ma paix est si profonde, ma joie si parfaite, que mon âme se trouve déjà comme transportée dans la paix de Dieu, dans la félicité céleste. Je connais mieux que jamais par expérience que le Règne de Dieu est justice, paix et joie, par le Saint-Esprit (Rom. XIV, 17), et que celui qui est uni au Seigneur, devient un même esprit avec lui. (1 Cor. VI, 17.)

§. 41.

Avant de m'accorder cette grande grâce, Dieu par sa miséricorde se tenait déjà sans cesse présent à mon âme, et mon cœur était constamment uni à lui, par l'amour que j'avais pour lui. Cependant, je sentais toujours quelque chose qui nous séparait et qui pouvait nous séparer, quoique nous fussions déjà si intimes. Mais maintenant, Dieu a comme absorbé la créature, pour m'établir en lui seul. Il m'a mise en possession de tous ses biens. Il est ma vie et mon tout. Ne soyez donc pas étonnée de me voir comme je suis, ne cherchant qu'à vivre et à mourir dans son amour. Il faudrait que je fusse pire que les démons eux-mêmes, si, après tant de grâces et de témoignages de miséricorde, que j'ai reçus de sa divine Majesté, j'en agissais autrement; et si je cessais ou négligeais de l'aimer, l'enfer serait trop peu pour mon châtiment. Mais non! il ne permettra jamais que ce malheur m'arrive.

§. 42.

Si maintenant l'on me demande : Que fais-tu à chaque instant de la journée, et quelles sont tes occupations? Je répondrai seulement : J'aime, j'aime avec ardeur mon Sauveur et mon Dieu. C'est là tout ce que je puis faire. Ce peu de mots est le résultat des efforts de toute ma vie.

Que mon bien-aimé Sauveur reçoive encore ici mes humbles louanges pour toute la bonté et toute la miséricorde dont il a usé envers moi ! Que toutes les créatures le louent, et qu'il soit béni éternellement. Amen.

CANTIQUES

L'AMOUR DE DIEU ET DE JÉSUS-CHRIST.

6

I.

Mél. *O du Liebe meiner Liebe.*
ou : *Dans l'abîme de misères (Chants chrétiens, 4).*

O Dieu ! s'il faut qu'on te craigne,
Tu veux surtout être aimé ;
Être aimé, voilà ton règne ;
Ta gloire, c'est d'être aimé.
Qu'à toi seul mon cœur se livre,
Et qu'il répète à jamais :
T'aimer, Seigneur ! c'est là vivre !
Fais-moi vivre, ô Dieu de paix !

II.

Mél. *Nun ruhen alle Wälder.*

1. Ah ! que ma seule affaire,
Au chemin de la terre,
Soit d'aimer le Seigneur.
Que sans hypocrisie,
Chaque jour de ma vie,
Je cherche en lui tout mon bonheur.

2. Oui, je veux pour te plaire,
O mon céleste père!
Te consacrer mon cœur.
Mais mon peu de sagesse,
Et ma grande faiblesse,
Toujours me jettent dans l'erreur.

3. Souvent, dans ma misère,
A ta loi, je préfère
Le monde qui périt;
Je le sens, je me blâme;
Et cependant, mon âme
Contriste toujours ton Esprit.

4. Donne-moi la prudence,
Et la persévérance;
Grave en mon cœur tes lois.
Que mon âme, sans crainte,
Et sans aucune plainte,
Se charge toujours de sa croix.

5. Seigneur! rends-moi fidèle;
Sans cesse, renouvelle
Mon amour et ma foi.
Que mon âme, plus pure,
Renonce à la souillure;
Ma paix, mon espoir est en toi.

III.

Mél. *Oui, dans le ciel, etc.* (*Chants de Sion*, 145).
ou : *C'est toi, Jésus, etc.* (*Chants de Sion*, 98).

1. La seule chose ici-bas nécessaire,
C'est de t'aimer, ô mon divin Sauveur !
Produis en moi cet amour salutaire,
Qui, des mortels, fait le seul vrai bonheur.

2. Sans toi, Jésus ! toute âme se tourmente,
Et cherche en vain la joie et le repos ;
Mais, avec toi, la paix du cœur augmente,
Et ta présence adoucit tous les maux.

3. Fais que mon âme, après toi seul, soupire,
O Jésus-Christ ! ô source de tout bien !
Qu'à nulle chose au monde je n'aspire ;
Car ici-bas, tout ici-bas n'est rien.

4. Comme, autrefois, la pieuse Marie,
Assise aux pieds de son divin Sauveur,
Brûlait d'ouïr la parole de vie,
Que prononçait la bouche du Seigneur ;

5. O bon Jésus ! en moi, fais aussi naître,
L'ardent désir de m'attacher à toi ;
Que ton Esprit enflamme tout mon être,
Et qu'à toujours je vive dans ta foi.

6. Enseigne-moi, souveraine sagesse,
A vivre bien, selon ta volonté ;
Que plein d'amour, et rempli d'allégresse,
J'agisse, en tout, avec humilité.

7. Pauvre pécheur ! qui gémit et soupire,
Où trouver grâce et prompt soulagement ?
C'est à la croix, où le Sauveur expire.
A sa croix donc, je cours incessamment.

8. Là, je me sens, ô toi ! mon bien suprême !
Tout pénétré du prix de tes bienfaits ;
Mais je ne puis, dans ma faiblesse extrême,
Sans ton secours, y répondre, à jamais.

9. O bon Jésus, achève ton ouvrage,
En ton chétif et faible serviteur.
Recrée, en moi, de Dieu la sainte image,
Et grave-la bien avant dans mon cœur.

10. Viens m'enseigner à renoncer au monde,
A ses attraits, à tous ses faux plaisirs ;
Qu'en toi, Seigneur ! tout mon espoir se fonde ;
Que tu sois seul l'objet de mes désirs.

11. Alors, ô Dieu ! marchant droit dans la voie,
Tu concourras, par ta direction,
A mon vrai bien, et mon cœur, plein de joie,
S'égayera dans ta Rédemption.

12. O bon Berger ! dans quel bon pâturage,
Tu m'as mené, moi, ta pauvre brebis !
Conserve-moi cet heureux héritage,
Auquel ont droit du Seigneur les bénis.

13. Voilà, voilà la chose nécessaire !
La part, le bien, qui ne peut être ôté !
Que ce soit donc ma principale affaire,
Mon choix, mon tout et ma félicité.

IV.

Mél. *Oui, dans le ciel, etc. (Chants de Sion,* 145).
     ou : *C'est toi, Jésus, etc. (Chants de Sion,* 98).

1. Je suis à toi ; gloire à ton nom suprême !
Je suis à toi, j'ai reconnu ta loi !
Je suis à toi, je te cherche, je t'aime !
Je suis à toi, Seigneur ! je suis à toi !

2. J'errais, perdu dans les sentiers du doute,
Le vide au cœur, et la mort devant moi ;
Lorsque tu vins resplendir sur ma route.
Je suis à toi, Seigneur ! je suis à toi !

3. Jadis, j'étais sous l'empire du monde ;
Mais, aujourd'hui, Jésus-Christ est mon Roi.
Ton joug est doux, et ta paix est profonde.
Je suis à toi, Seigneur ! je suis à toi !

4. Rempli d'amour, le cœur plein de tendresse,
Ce bon Sauveur m'accueille et me reçoit :
Auprès de lui, j'accours et je m'empresse.
Je suis à toi, Seigneur ! je suis à toi !

5. En te trouvant, j'ai trouvé toutes choses,
Et ce bonheur m'est venu par la foi.
Sur mon sentier, ta main sème les roses.
Je suis à toi, Seigneur ! je suis à toi !

6. Nul ne saurait m'effacer de ton livre !
Nul ne saurait me soustraire à ta loi !
C'est ton regard qui fait mourir et vivre.
Je suis à toi, Seigneur ! je suis à toi.

7. Sur cette terre, où tu veux que j'habite,
O mon Sauveur ! mon Dieu ! je suis à toi !
Et dans le ciel, où ta grâce m'invite,
Encore à toi ! Seigneur ! Toujours à toi !

V.

Mél. *O Gott, du frommer Gott.*
  ou : *Hosanna ! béni soit, etc. (Chants de Sion,* 20).

1. Je suivrai Jésus-Christ : de ta divine grâce,
Accorde-moi, grand Dieu ! le secours efficace ;
Soutiens mon faible cœur, enflamme mon esprit ;
Enseigne-moi, Seigneur, à suivre Jésus-Christ.

2. Je suivrai Jésus-Christ, tout m'invite et
m'engage,
A renoncer à moi, pour l'avoir en partage ;
La douceur de ses lois, le don de son Esprit,
Tout m'invite et m'appelle à suivre Jésus-Christ.

3. Je suivrai Jésus-Christ ; mon âme est ré-
solue,
De l'aimer constamment, pour sa bonté connue,
Il s'est donné pour moi, il m'aime, il me chérit ;
Pourrais-je encor tarder à suivre Jésus-Christ ?

4. Je suivrai Jésus-Christ ; animé d'un saint
zèle,
Gardant de ses bienfaits un souvenir fidèle,
Je vivrai pour lui plaire, et toujours mon esprit,
S'imposera la loi de suivre Jésus-Christ.

5. Je suivrai Jésus-Christ, avec persévérance;
Il m'acquit par son sang, il couvre mon offense.
Des suites du péché, mon Sauveur me guérit.
C'est en lui qu'est ma paix, je suivrai Jésus-Christ.

6. Je suivrai Jésus-Christ; nul espoir, nulle
crainte,
Ne me détournera, d'une route si sainte;
Viens, dirige mes pas, Seigneur! par ton Esprit:
Je passerai ma vie à suivre Jésus-Christ.

··VI.

MÉL. *O Gott, du frommer Gott.*
ou : *Hosanna! béni soit (Chants de Sion, 20).*

1. Au monde, à ses faux biens, je renonce
sans peine;
Son bonheur est fragile, et sa joie est trop
vaine :
Je préfère Jésus et l'espoir des chrétiens,
Aux plaisirs de la terre, au monde, à ses faux
biens.

2. Le monde, ingrat et faux, trahit celui qui
l'aime;
Il n'a rien de constant, que l'inconstance même :
Mais Jésus est fidèle; il couronne les siens :
J'oppose sa tendresse au monde, à ses faux biens.

3. Le monde aime l'éclat, les dignités, la
pompe ;
Il suit avec ardeur un fantôme qui trompe ;
De ses vœux insensés je détache les miens ;
Pour Jésus, je renonce au monde, à ses faux
biens.

4. De l'or et de l'argent, dont il fait son
idole,
Le monde est enchanté ; son trésor le console :
Je connais des trésors plus réels que les siens,
Et mon cœur se refuse au monde, à ses faux
biens.

5. Le monde ne saurait endurer les injures ;
Jaloux, impatient, il éclate en murmures ;
Mon plus digne modèle est le Chef des chrétiens,
Je préfère sa croix, au monde, à ses faux
biens.

6. Le monde s'abandonne aux voluptés char-
nelles,
Perdant le souvenir des peines éternelles.
Mon désir est Jésus ; il inonde les siens,
Des plaisirs que j'oppose au monde, à ses faux
biens.

7. O monde! tes faux biens, tes plaisirs, tes
richesses,
Ton éclat, tes honneurs, tes perfides caresses,
Ne sauraient m'attacher; je romps tous ces liens;
J'abandonne, gaîment, le monde et ses faux
biens.

8. Je te fuis, monde vain! et ton commerce
impie;
Désormais, à Jésus, je consacre ma vie.
Il règne sur mon cœur, en maître souverain;
Jésus est tout pour moi: je te fuis, monde vain!

9 782329 099880